S'

Lb 1100.

APPEL

AU PEUPLE

EN FAVEUR

DE LA RELIGION,

PAR M. LESÈQUE.

Oserez-vous rappeler à vos enfans les commandemens
du Dieu dont vous aurez brisé les autels ?

PARIS,

CHEZ L'AUTEUR, RUE BAILLEUL, n. 5,

ET TOUS LES MARCHANDS DE NOUVEAUTÉS.

Novembre **1831.**

APPEL
AU PEUPLE

EN FAVEUR
DE LA RELIGION.

Je suis homme du peuple, et c'est au peuple que je m'adresse; il entendra, je l'espère, la voix bien connue d'un ami.

Et moi aussi j'ai combattu pour la liberté; mon sang a coulé pour sa défense. On nous disait: » Défendez vos droits menacés. » Nous nous levâmes comme un seul homme; ce fut un combat de géans.

Le peuple vainquit: Que lui reste-t-il de la victoire? . . . . . La misère et des ruines! De liberté, en a-t-il plus qu'avant? Hélas! On lui conteste jusqu'à celle d'aller au pied des autels chercher un soulagement à ses maux!.. Imfâmes qui avez si long-temps flatté le peuple, et qui le calomniez maintenant, qu'y a-t-il de commun entre ce peuple et vous? Vous êtes oppresseurs et nous sommes opprimés; vous vous êtes emparés de tous les emplois et nous sommes sans ouvrage; vous vous gorgez d'or, et nous manquons de pain; enfin, vous reniez le Dieu que nous servons!.... C'est les armes à la main, contre des adversaires terribles que nous avons défendu ce que vous appelez nos droits; nous nous sommes pris corps à corps avec des héros; mais vous, trop lâches pour combattre des hommes, c'est aux monuments que vous avez déclaré la guerre. Un digne prélat, un homme de paix et de charité fut votre première victime, c'est par l'archevêché, cet asile du pauvre, que vous avez commencé l'œuvre de destruction ; puis vint le pillage de Saint-Germain l'Auxerrois; et comme si ce n'était assez de sacrilèges et de souillures, vous voulez aujourd'hui démolir le temple dont vous avez chassé la Divinité!.... Eh! c'est au nom du peuple que vous prétendez consommer cet acte de vandalisme. . . . Flatteurs, vous mentez! le peuple croit en Dieu!

O mes amis! défions-nous de ces hommes qui nous mènent à l'esclavage en nous prêchant la liberté; et n'oublions pas que c'est au nom de cette prétendue liberté qu'ils dressent des listes de proscription.

Non, ce n'est pas le peuple, ce n'est pas nous qui avons demandé qu'on abattît les croix, ce signe glorieux révéré par nos pères; ce n'est pas nous qui voulons la démolition de l'archevêché et de Saint-Germain l'Auxerrois; ce n'est pas nous qui faisons vendre par autorité de justice le modeste mobilier de quelques hommes pieux et inoffensifs retirés au Mont-Valerien. . . . non, ce n'est pas nous; je l'affirme, et pas un de vous, mes amis, ne me démentira; oh! non, vous ne me démentirez pas; car chacun de vous sent battre dans sa poitrine un cœur d'honnête homme. Et puis, la belle prouesse que de mettre en lambeaux des étoles et des surplis! et quel acte de courage, que de chasser de chez eux de pieux viellards dont tout le crime était de prier pour nous! . . . . Je vous le demande, mes amis, notre armée sera-t-elle plus brave quand on aura converti tous les séminaires en casernes? . . . . . .

Quel est celui d'entre vous qui n'a perdu un père, une mère, quelque proche? Eh bien! quand est venu le moment suprême, que vous a demandé le mourant? Un prêtre pour le réconcilier avec Dieu, pour le consoler, pour adoucir l'amertume de ses derniers momens; l'homme de Dieu est venu et, à sa voix, la sérénité a reparu sur le visage du moribond, un sourire de satisfaction a effleuré ses lèvres décolorées; et il est mort sans regrets, parce que la religi on avait fait renaître l'espérance dans son cœur. . . . . Et nous aussi nous mour- rons, mes amis, et nous aussi, quand notre heure aura sonné, nous aurons besoin de consolations. Eh! qui nous les donnera! Où seront les prêtres quand vous aurez rasé les églises, et logé les soldats dans les séminaires. . . . . Vous voulez que vos enfans soient baptisés; vous voulez qu'ils vous respectent et vous aiment; mais qui les baptisera? qui leur enseignera à honorer et respecter la vieil- lesse? . . . . . . Oserez-vous leur rappeler les com- mandemens du Dieu dont vous aurez brisé les autels?

Je vous parlais tout à l'heure de l'Archevêque de Paris, de ce pieux prélat tant calomnié. On vous a dit qu'il était hostile au peule, et qu'il flattait le pouvoir ; qu'il dévorait le patrimoine du pauvre, et que son luxe insultait à votre misère ; peut-être avez-vous cru tout cela ; eh bien ! écoutez la vérité . Le domestique de ce digne pasteur ne fut jamais plus nombreux que celui d'un simple commerçant ; sa table fut toujours servie avec une frugalité dont beaucoup d'entre nous ne se contenteraient pas ; chaque jour, à toute heure, il donnait audience aux malheureux et soulageait toutes les infortunes sans demander à l'indigent quelle était sa croyance ; son bien était devenu le patrimoine de la veuve et de l'orphelin. Beaucoup d'entre vous ignorent cela mes amis ; car il fesait le bien sans ostentation ; mais ce que personne ne peut ignorer, c'est la conduite qu'il tint en 1824 à la chambre des pairs : la loi du trois pour cent, qui menaçait de ruiner les petits rentiers avait été votée par la chambre des députés ; elle allait l'être par la chambre des pairs ; notre digne pasteur monte à la tribune et dit .

« Je m'abstiens ordinairement de prendre part

» aux discussions politiques ; mais aujourd'hui qu'il
» s'agit de ravir aux pauvres le pain dont ils vi-
» vent, qui les défendra, si ce n'est celui qui s'ho-
» nore d'être leur protecteur et leur ami?.... »

Le reste du discours fut digne de cet exorde ; la majorité fut entraînée , et la loi ne passa point. L'archevêque fut disgracié ; il s'en consola en pensant au bien qu'il avait fait, à celui qu'il pouvait faire encore...... Mes amis , voilà l'homme contre lequel, naguère , des cris de mort ont été proférés ; voilà l'homme qu'on a violemment chassé de chez lui ; voilà l'homme dont on veut raser la maison ! Et cet homme, que fait-il maintenant ? il pleure sur nos fautes, et prie Dieu de nous éclairer.

Mais ce n'est pas seulement la demeure de l'archevêque, ce sont les églises qui sont menacées de destruction ; et comme pour joindre la dérision au sacrilége, c'est sous le prétexte d'embellir la capitale qu'on parle de raser St-Germain-l'Auxerrois , chef-d'œuvre d'architecture gothique, l'un des plus beaux monumens du moyen âge......... Ainsi quarante mille Chrétiens seront privés de temple et de pasteurs, parce que quelques meneurs auront dit que c'est le vœu du peuple!... Mes amis, je vous en conjure, repoussons toute solidarité avec ces hommes de sang et de mensonge; criez avec moi, partout et à toute heure :

« Misérables, vous mentez! le peuple croit en
» Dieu; le peuple respecte la religion de ses pères;
» le peuple veut édifier, et non détruire!.... »

Vous voulez être libres; eh bien! rappelez-vous que Jésus-Christ, ce divin législateur, fut le premier qui prêcha la liberté et l'égalité. Et cette égalité, où la trouverez-vous, si ce n'est dans les temples consacrés au culte du vrai Dieu! Là, et seulement là, les rangs se confondent, et chacun est le fils de ses œuvres.

Malheur à qui donnera l'ordre de détruire! malheur à celui qui fera tomber la première pierre, il vaudrait mieux qu'il ne fût pas né!....

Eh! je vous le demande, quel bien peut résulter pour nous d'un monceau de ruines?.... Cela donnera-t-il de l'activité au commerce?.. Cela donnera-t-il du pain à ceux qui en manquent et des habits à ceux qui sont nus! Cela fera-t-il que nos représentans nous connaissent et nous comprennent! Cela fera-t-il qu'on parlera moins et qu'on agira mieux! Cela diminuera-t-il les impôts! hélas! non.....

Je le répète, mes amis, nous avons été trompés. Considérez, je vous prie, ce que nous étions, et ce que nous sommes devenus : les arts florissaient, l'industrie prospérait; une auréole de gloire environnait le trône; la religion était honorée, les prêtres respectés; les temples qu'on veut démolir aujourd'hui pouvaient à peine contenir les fidèles qui s'y pressaient.... Trois jours ont suffi pour tout détruire! Maintenant, les ateliers sont fermés et les temples déserts, la guerre étrangère nous menace; la guerre civile est imminente; et comme si ce n'était assez de tant de fléaux, l'affreuse épidémie qui dévore nos voisins s'approche à pas de géant.

La main du Seigneur s'est appésantie sur nous ; abjurons nos erreurs et reconnaissons nos fautes afin de détourner la colère divine ; repoussons de perfides conseils ; livrons au mépris public les hommes qui veulent nous faire servir d'istrumens pour satisfaire leurs passions ; et pleins de confiance en la miséricorde du Dieu de nos pères, attendons des temps meilleurs : l'erreur passera ; la vérité seule est éternelle !

FIN.

Sceaux.— Imp. de GROSSTEITE ,
rue de la Petite-Croix.

www.ingramcontent.com/pod-product-compliance
Lightning Source LLC
Chambersburg PA
CBHW061208050726
47594CB00008B/3616